聪颖宝贝科普馆

YINGYANG GUOSHU

营养果蔬

段依萍◎编著

辽宁美术出版社

图书在版编目(CIP)数据

聪颖宝贝科普馆. 营养果蔬 / 段依萍编著. —沈阳:
辽宁美术出版社, 2020.8

ISBN 978-7-5314-8824-8

Ⅰ.①聪… Ⅱ.①段… Ⅲ.①科学知识—学前教育—
教学参考资料 Ⅳ.①G613.3

中国版本图书馆 CIP 数据核字(2020)第 147613 号

出 版 者:辽宁美术出版社
地　　　址:沈阳市和平区民族北街 29 号　　邮编:110001
发 行 者:辽宁美术出版社
印 刷 者:北京市松源印刷有限公司
开　　　本:889mm×1194mm　1/16
印　　　张:6
字　　　数:40 千字
出版时间:2020 年 8 月第 1 版
印刷时间:2023 年 4 月第 2 次印刷
责任编辑:童迎强
装帧设计:宋双成
责任校对:郝　刚
书　　　号:ISBN 978-7-5314-8824-8
定　　　价:88.00 元

邮购部电话:024-83833008
E-mail:lnmscbs@163.com
http://www.lnmscbs.cn
图书如有印装质量问题请与出版部联系调换
出版部电话:024-23835227

前言
FOREWORD

　　我们平时在菜场里常见的蔬菜水果是怎么生长的？它们都长在哪里呢？其实它们的生长方式多种多样，生长环境也各有不同。它们有的长在树上，有的长在地里，有的长在蔓生植物上。很多蔬菜水果起初并不在中国种植，有的来自欧洲，有的来自非洲，有的来自中美洲。不同的蔬菜水果食用的方式也不同，有的蔬菜可以生吃，有的却只能煮熟了吃，有的可以榨成汁来喝。它们的味道也不一样，有的是酸的，有的是辣的，有的是甜的。还有些蔬果自带流传悠久的小故事呢……

　　《营养果蔬》是一个精美的"美食屋"，书中介绍了众多的水果、蔬菜。这里有清甜多汁的西瓜、酸酸甜甜的番茄、又甜又脆的胡萝卜……书中解读了这些蔬菜水果的生长、结构及营养密码，为读者讲述了不同果蔬的奥秘。

　　这是一本充满奇思妙想、能让孩子爱上蔬菜和水果的绘本！

编　者

目录
CONTENTS

目录
CONTENTS

顽强的白菜

白菜属于两年生草本植物。其菜叶呈波浪状，边缘有褶皱，且质感较软。

丰富的营养元素

白菜含有丰富的营养元素，比如糖类、脂肪、蛋白质、矿物质、维生素等。白菜含有膳食纤维和抗氧化物质，能更好的地促进肠蠕动，帮助消化。

小档案

别称：小油菜、油菜
科名：十字花科
特征：倒卵形或宽倒卵形的基生叶，十分坚实，基部逐渐变得狭长成为宽柄
分布：亚洲
习性：喜欢肥沃、松软、无病害的土壤

生长环境

白菜广泛分布于全国各地，华北地区分布量较大。白菜十分顽强耐寒，在寒冷的季节反而长势旺盛。相反，如果在温度很高的夏季种植白菜，反而容易受到害虫的侵袭。白菜的低温耐受力表现在即使生长于极低温度环境中，如果能逐渐吸收热量，它依然可以健康生长。但是，如果环境温度低于零下十度，白菜受到的损伤将不可逆。白菜最适合在寒冷环境下生长在肥料和水分充足并且含有有机质的土壤里。

草莓富含维生素 A 以及可合成维生素 A 的胡萝卜素，能够有效预防或者缓解夜盲症。同时，草莓可以促进胃肠道蠕动，便于消化吸收，能有效改善便秘或其他更严重的胃肠疾病。

保护视力的草莓

草莓营养价值丰富，含有多种营养物质，被誉为是"水果皇后"。

喜欢阳光和水分

　　草莓是喜欢阳光的植物，同时又具有良好的耐阴性。在不同的光照强度下，成熟的草莓果实呈现不同的特点。如果光照很强，则草莓果实个头较小、色泽较深、品质良好；光照强度中等时，草莓果实个头较大、色泽偏浅、甜度不足；光照不足的情况草莓无法健康生长。

　　草莓根系很浅，因此蒸腾量大，每个时期对水分的要求也有所不同。成熟之前，草莓需水量相对较小，不能超过所在土壤最大含水量的70%；成熟时，草莓需要大量水分，至少为土壤含水量的80%；采摘之后，也需要维持成熟之前的水分含量使其不定根能够再次抽芽。不过，种植草莓时应该保持土壤通透、排水系统良好，避免出现涝死的情况。

小档案

别称： 凤梨草莓

科名： 蔷薇科

特征： 植株的高度为 10—40 厘米，叶子与茎的高度几乎相等或比茎稍高，整株覆盖黄色柔毛

分布： 原产于南美洲

习性： 喜欢光照，耐阴凉环境

鲜艳欲滴的草莓

　　草莓的果实呈鲜红色，形状呈尖卵形。草莓的果期为 6—7 月。食用草莓无需去皮，只需要洗净即可。

维生素含量丰富的橙子

橙子果肉甚至有解除海鲜类产品中毒的功效，对醉酒者也能起到醒酒作用。

✎ 维生素宝库

橙肉中的维生素含量丰富，如维生素P、维生素C等。同时，橙子中还含有部分有机酸，能够有效保护细胞功能、调节人体新陈代谢、增强抵抗力。

研究显示，每100克橙子的维生素C含量比梨、苹果、香蕉分别高10倍、16倍、8倍左右。

✎ 酸甜多汁

橙子的果实呈圆或长圆形。橙子的外皮较厚，一般较光滑，不易剥离。橙子内瓤囊约有10瓣，果肉颜色呈淡黄色或橙黄色。成熟的橙子口感酸中带甜，鲜润多汁。

✎ 食用的禁忌

橙子不能吃太多，吃多了会让人的皮肤发黄，俗称"橘皮病"。橙子中也有少量有机酸，空腹食用易引起胃部不适。

别称：柳丁、柑子、金环、黄果

科名：芸香科

特征：植株上一般长有又粗又长的刺，新长出来的梢和嫩叶柄上覆盖稀疏的短毛

分布：原产于中国东南部，世界各热带果区均有分布

别称：白瓜、白瓜皮、地芝、白东瓜皮
科名：葫芦科
特征：叶稍圆，叶背、叶面均有毛
分布：亚洲的热带和亚热带地区
习性：喜欢温暖的环境，耐炎热

体型巨大的冬瓜

冬瓜属于大型蔬菜，果呈短圆柱、扁圆或长圆形。其绿色的表皮被白色蜡粉或无霜。

营养价值

冬瓜中含量最高的几种维生素有抗坏血酸、硫胺素和核黄素等。冬瓜子中含有大量的维生素 B_1,可清热化瘀、排脓。冬瓜是一种高钾低钠的蔬菜,因此非常适合患有肾脏病、高血压、四肢浮肿的人食用。而且,冬瓜里几乎含有全部人体需要的必需氨基酸,它是一种高品质的健康食物。

形态特征

架生草本植物,茎表面有黄褐色硬毛及长柔毛,有棱沟。叶柄粗壮,叶片近圆形。叶脉在叶背面稍隆起,密被毛。

经济价值

冬瓜的种植成本很低,并且坚忍顽强,所以产量非常高。冬瓜果实洁白多汁、口感细腻,可放入各种菜肴作为辅料。冬瓜对于贮藏和运输有非常好的耐受性,是一种适合运输到各地去贩卖的蔬菜。

出镜率极高的番茄

无论走到中国的哪个地方，番茄炒鸡蛋总是一道人见人爱的家常菜。

小档案

别称：西红柿、蕃柿、洋柿子

科名：茄科

特征：植株上长有黏质的腺毛，而且味道十分强烈，肉质并且汁液多，黄色的种子

分布：全世界

习性：喜欢温暖和充足的阳光

生番茄与熟番茄

想补充维生素C，则可以生吃番茄；想补充抗氧化剂，则将番茄加工成熟食食用。如果加热时间短，番茄中会含有大量维生素。加热时间逐渐增长，番茄中的维生素含量逐渐降低，取而代之的是越来越多的抗氧化剂。调查研究显示，常吃番茄可有效降低人们患癌症或者心脏病的风险。

如何挑选

棱角分明或分量很轻的番茄都很有可能使用过催红剂。推荐购买外皮呈淡粉色，根蒂连接处非常水润的番茄。

瓜中之王哈密瓜

哈密瓜的形态各种各样,瓜肉十分肥厚,肉质绵软,味道甘甜爽口。

果实的品质

哈密瓜种类繁多,果实的外形因种类的不同而不同。大部分哈密瓜形状为椭圆形,果皮粗糙呈黄色或青色,纵向生长的网纹遍布于果皮。哈密瓜的果肉或青色,或红色,味香甜。

小档案

别称:甜瓜、网纹瓜、甘瓜
科名:葫芦科
特征:茎和枝上都有棱,有粗糙的硬毛和疣状突起,硬毛和突起呈黄褐色或白色
分布:温带至热带地区
习性:喜欢充足的光照,需要较大的昼夜温差

◣ 瓜中之王

　　因为含糖量高、品种丰富、风味迷人，哈密瓜被誉为"瓜中之王"。不同品种的哈密瓜往往有不同的风味，有的甜脆爽口，有的有奶油口感，它们共同点是香甜并具，享誉四海。除了口感堪称"瓜中之王"，哈密瓜也具有较高的营养价值。

◣ 消暑护肤

　　甜脆爽口的哈密瓜非常适合夏日消暑。尤其是新疆部分地区出产的哈密瓜，品质上佳，清凉可口。有人发现，某些特殊品种的哈密瓜还可以防晒。

免疫功能增强剂

在身体中经过一系列的反应之后，胡萝卜素会转变成维生素A，能够增强人体免疫力，有一定的预防上皮细胞癌变的功能。胡萝卜中还含有木质素，也有提高身体免疫力、调动免疫系统活性的作用。

益肝明目的胡萝卜

胡萝卜有一股野簝药的味道，有些人不喜欢，但是它含有丰富的营养元素，营养价值很高。

抵抗过敏反应

日本的科学研究成果显示，花粉过敏、过敏性皮炎等过敏症状可以被一种胡萝卜素预防或缓解。胡萝卜素还能帮助我们调节细胞平衡，降低身体出现过敏症状的可能性。

益肝明目

胡萝卜中维生素 A 含量丰富，能够帮助感光色素形成，从而起到防治夜盲症、增强双眼辨别色彩能力的作用。用眼较多的人食用胡萝卜能有效缓解双眼干燥、疲劳等症状。

小档案

别称：黄萝卜、番萝卜、小人参、丁香萝卜
科名：伞形科
特征：粗壮的根呈圆柱形或圆锥形，红色或黄色肉质，三回羽状复叶有长叶柄
分布：东南亚、欧洲
习性：性喜冷凉，较耐旱，需湿润的土壤环境

防癌抗癌的花椰菜

花椰菜、大白菜被美国癌症协会认为是抗癌效果最好的两种蔬菜。

别称:菜花、椰菜花、花菜

科名:十字花科

特征:直立的茎有分枝,十分粗壮,下部叶和基生叶为椭圆形至长圆形的

分布:英国、印度、中国、意大利、法国等地

习性:性喜温和气候,耐寒和耐热力均弱

营养成分丰富

花椰菜中有大量蛋白质、维生素、脂肪、碳水化合物等人体必需的化合物。它的胡萝卜素含量是大白菜的八倍,可有效缓解和预防夜盲症。花椰菜中还含有大量的钙,含量不亚于纯牛奶的钙含量。除此以外,花椰菜中含有黄酮、异硫氰酸化合物,营养价值很高。

防癌抗癌

花椰菜含有异硫氰酸化合物和少量其他微量元素,长期食用可以有效减少患乳腺癌、胃癌的风险。花椰菜还具有保护心血管的功效,是良好的血管清洁剂。它可以阻止血小板凝结成块,降低大面积形成血栓的概率,从而有效降低了患心脏病、冠心病等心血管病患者的死亡率。

凝血

花椰菜中的维生素K含量丰富,能够加快血液的凝固速度,从而预防内出血,减少生理期过量出血等情况。部分人受轻伤便会流血不止,也是因为体内缺乏维生素K。

嗜酒者最爱的黄瓜

　　黄瓜是一年生蔓生或攀援草本植物，它的茎上具有棱沟，覆盖着白色的粗糙短毛。

别称：刺瓜、唐瓜、胡瓜、青瓜、吊瓜、勤瓜、王瓜

科名：葫芦科

特征：筒形或棒形的果实，成熟后为墨绿、绿或黄白色，表面十分粗糙，狭卵形的种子很小

分布：温带和热带地区

习性：喜欢湿润和肥沃环境，耐旱力和吸肥力较弱

通便排毒

细纤维素能够促进肠胃蠕动，而黄瓜中含有大量的细纤维素，因而能够促进宿便排出，从而起到润肠通便、排毒养身的作用。除了帮助清扫体内的废物，黄瓜还可以防治肾结石。

清凉醒酒

对于醉酒的人来说，黄瓜是解酒良药，少量食用可以醒酒提神。黄瓜含有大量的 B 族维生素和电解质，可以补充重要营养素，从而减轻酒后不适，缓解宿醉。对于酒精肝硬化患者来说，黄瓜中的多种氨基酸（丙氨酸、精氨酸等）可以辅助治疗，防止酒精中毒。

能治病的豇豆

豇豆生长在全国各地, 有各种各样的方言发音, 然而它真正的读音却鲜少有人知道: 豇豆的"豇"与长江的"江"同音。

生长特征

豇豆的叶子是三出复叶，花梗从叶腋或顶部长出，然后开出黄白或紫色的花。通常情况下，豇豆结两荚，荚的大小和颜色依据品种的不同而不同。一般每个豆荚有十几到二十几粒种子不等，种子呈肾形。

小档案

别称：带豆、姜豆、角豆

科名：豆科

特征：有发达的根系，侧根很多，成株主根可深入到土壤中 80 厘米以上

分布：中国

习性：无法忍受霜冻，可以耐受炎热和高温

缓解糖尿病

豇豆含有容易被人体消化吸收的蛋白质，能够有效补充营养。而且它还含有磷脂，能够促进胰岛素的分泌，因此是糖尿病人的备选食品。

中医食疗效果

中医认为，豇豆性情温和，可祛热化湿。中医学一般将豇豆用于治疗脾虚、湿气重、尿多等症状。

酸酸甜甜的橘子

吃太多橘子会造成手掌变黄,不过没有关系,只要一段时间少食用或不食用橘子,手掌颜色就会恢复成原来的样子。

24

纺锤状的身体

鲢鱼的体型侧扁，呈现为纺锤状，腹部比较狭窄。背部的颜色是青灰色，身体两侧及腹部是白色。鲢鱼的脑袋比较大，眼睛在头部比较低的位置，长有一排咽头齿。它身上长满了细小的鳞片。鲢鱼身上的鱼鳍呈现为淡灰色。鲢鱼的腹腔很大，腹膜是黑色的。

胆小急躁

鲢鱼生性比较活跃，喜欢溯流而上，只是它的行动比较缓慢，动作也很笨拙。鲢鱼的胆子很小，性格急躁，一遇到危险或碰到触网，就纷纷跳跃逃跑。鲢鱼不能缺氧，如果水中氧气含量较低，有的鲢鱼就会死亡。

食欲受温度影响

鲢鱼喜欢生活在富含营养的水中，常在水的中上层活动，主要以水中的浮游生物为食。鲢鱼喜欢高温，它的食欲随着水温变化而变化。23—32℃是鲢鱼生长的最佳温度。夏季时，它们的食欲最强。鲢鱼生长得很快，通常体重 3 千克左右时就达到了成熟。每年的四、五月份，鲢鱼就开始产卵，一次排卵能达到 20 万—25 万粒。这些卵能在水中进行漂浮。

淡水游禽绿头鸭

绿头鸭的头顶是绿色的，因而得名"绿头鸭"，它是鸭类中体型较大的一种。

喜欢群居

平时绿头鸭会成群结队地出现在水塘里或者水边，但到繁殖期则成对出现。它们总喜欢发出"嘎嘎嘎"的叫声，声音洪亮，能传播很远。绿头鸭一般在早晚寻找食物，白天会在岸边散步或者在水中游泳。绿头鸭休息时，会睁一只眼闭一只眼，具有半睡半醒的特性。

别称：大红腿鸭、对鸭、大绿头、官鸭
科名：鸭科
特征：脑袋和颈部是绿色的，有金属光泽，背部和肩膀为褐色，其中糅杂着灰白色的波纹状的细斑，羽毛边缘为棕黄色
分布：亚洲、欧洲、北美洲
食物：植物、甲壳动物、无脊椎动物

美丽的外形

绿头鸭的身上有种金属的质感。它的身体长为47—62厘米，体重平均为1千克左右，长得和家养鸭子类似。雄鸭的头、颈为绿色，颈部有一圈白，嘴是黄绿色，脚为橙黄色。整个身体呈现为黑褐色，腹部是灰白色的。

繁殖行为特征

绿头鸭一般在越冬的时候就找到配偶，繁殖期选在温暖的4—6月。它们一般在湖泊、水库、池塘等地的草丛里，或者是树杈间、农民的苞米上筑巢产卵。它们的巢软软的，用干草和蒲草、苔藓等铺就。绿头鸭每窝产卵7—11枚，雌鸭的孵化期为24—27天。小鸭出壳后不久就能随着父母活动。

生命力顽强的罗非鱼

罗非鱼是一种引进的鱼种,由于它的肉质富含多种营养成分,所以深受人们的喜爱。

繁殖能力强

罗非鱼的繁殖能力非常强,生出六个月后就能开始繁殖,每次产卵1000—1500粒。这些鱼卵被雌鱼含在口腔内发育,当水温达到25—30℃时,不到一周,小鱼就孵化出来。

小档案

别称:南鲫、福寿鱼、非洲鲫鱼、吴郭鱼、越南鱼

科名:丽鱼科

特征:背鳍上有十多条鳍棘,身体侧面和尾鳍尚有多条纵网列的斑纹

分布:原产热带非洲东部,已广泛移殖于东南亚,中国南方各地均有养殖

食物:水生植物

⚔ 环境适应能力强

罗非鱼在 3 毫克/升的低氧情况下，依然可以正常生长。当水中溶解的氧气浓度为 1.6 毫克/升时，它还能进行繁殖。可以说，罗非鱼对缺氧环境的适应能力非常强。

⚔ 易受水温影响

罗非鱼对温度比较敏感，最适合其生活的温度是 28—32℃，温度在 20℃以上才能繁殖。当水温不到 15℃时，它们会开始休眠，并停止生长。

泥鳅的身体又细又长,身体前半部分为圆筒状,后面部分侧扁,长着圆滚滚的腹部。头很小,嘴巴也不大,长有五对须。身上有圆形的鳞片,位于皮肤下面,身体上长有很多黑色斑点。背鳍和尾鳍上有成排的斑点,其他的鳍都呈现为灰白色。它们的身体可以分泌黏液,滑溜溜的,便于逃脱人们的抓捕。

"水中之参"——泥鳅

泥鳅的味道鲜美,富含多种营养,深受人们喜爱,被誉为"水中之参"。

小档案

别称:泥鳅鱼、鱼鳅

科名:鳅科

特征:有五对须,最长的口须向后伸能超过眼部后缘,没有眼下刺,小鳞片埋于皮下

分布:朝鲜、印度、中国、俄罗斯、日本等地

食物:藻类、水生昆虫、甲壳动物、浮游生物等

气温感知能力强

泥鳅一般生活在池塘、湖泊、沟渠等的水底或者水田的淤泥中，最适宜生长的水温为 25—27℃。水温达到 30℃时，泥鳅就会钻到泥中度夏。水温低于 5℃时，它就会钻到泥的更深处过冬。当天气异常闷热或者缺氧时，泥鳅就会跳出水面，直接呼吸新鲜空气。泥鳅不但能用鳃和皮肤进行呼吸，而且它的肠也具有辅助呼吸的作用，冬季的泥鳅在泥中全靠肠呼吸。因为泥鳅对温度的变化比较敏感，所以西欧的人们把泥鳅叫作"气候鱼"。

旺盛的繁衍能力

泥鳅可以进行多次产卵。每年的四月到九月，是泥鳅的繁殖期，22—28℃的水温是最适宜繁殖的温度。雌泥鳅的排卵量受体型的影响非常大，小体型的雌泥鳅排卵量约 2000 粒，大体型的雌泥鳅排卵量最多可达 6.5 万粒。这些受精卵会在水草或其他物体上附着。

直线式飞行

牛背鹭休息时，颈部会呈"S"形弯曲状。飞行时就会把头缩到背上，呈直线式飞行。不过它飞行的高度一般都不高。

繁殖特点

每年的 4—7 月，是牛背鹭的繁殖期。雄鸟和雌鸟会把窝安在树上或者竹林上。雌鸟一次产卵一般为 4—9 枚，卵是浅蓝色的，很光滑。双鸟轮流孵化，一般孵化期为 21—24 天。

肥胖可爱的牛背鹭

"牛背鹭"是因为爱食牛背上的昆虫而得名，长得有点肥胖，但是十分好看。

身体肥胖

牛背鹭的体型不大，身体肥胖。平均体重为 325—440 克，身体长度为 46.7—54.9 厘米。夏季时身上除了头颈部和嘴巴为橙黄色外，其他地方都为白色。冬季时牛背鹭通体雪白，少数头部保留橙黄色。牛背鹭的嘴巴很短，颈部不长，有些粗。它的脚和脚趾为黑褐色。

别称:黄头鹭、畜鹭、放牛郎

科名:鹭科

特征:飞行时,头会缩到背上,颈部像个大喉囊般向下突出,不管站立还是飞行都像驼背

分布:温带地区

食物:昆虫

弹跳力惊人

青蛙的爬行速度很慢，但当它陷入危险境地时，它就会纵身跳跃，这一跳不仅速度快，而且距离远，能达到它身长的 20 倍之多。

捉虫能手——青蛙

青蛙有着一双鼓鼓的眼睛，头部呈三角形，一般在河流、池塘等有水的地方生活。

捉虫小能手

农民们喜欢青蛙，因为它能消灭许多农业害虫。据统计，一只青蛙虽然只有一张嘴，但是一天消灭的虫子不低于 70 只，一年下来，能消灭大约 25000 只害虫。由于现在很多人在捕食青蛙，青蛙的数量正在减少，因此我们必须注意加强对它的保护。

天生的"迷彩服"

　　由于大多时候生活在草丛中，青蛙身上除了腹部呈现白色外，其他大部分都是黄绿色的。这样，虽然青蛙体型不大，但是它天生的色彩能让它逃过很多危险。

小档案

科名：蛙科
特征：前后脚都有趾，前脚四个，后脚五个，具蹼，脑袋两侧有两个稍微鼓起的小包
分布：全世界
食物：昆虫

美丽轻盈的**蜻蜓**

蜻蜓长得像小飞机，自由自在地在天空飞翔。它的两只眼睛大大的，翅膀薄如蝉翼，显得轻盈美丽。

✎ 多功能的复眼

蜻蜓的视觉很敏锐，这得益于它头上的两只大复眼，它们是由约28000只小眼睛构成的。它们的复眼能观察到前、后、左、右各个方向，不用转头，就能眼观四方。若有物体经过蜻蜓的眼前，它能立刻感知到，还能判断出物体运动的速度。因此，蜻蜓的捕食能力特别强。

小档案

别称： 诸乘、丁丁、负劳、蚂螂、纱羊、点灯儿等
特征： 前后翅膀的形状和脉序是不同的，翅膀的基部不显著狭长，中室被一条斜脉分为三角室和上三角室
分布： 热带和亚热带地区
食物： 昆虫或小动物

蜻蜓点水

我们经常能看见蜻蜓轻轻掠过水面,其实它是在繁殖后代。因为蜻蜓的卵只能在水中孵化,"蜻蜓点水"是为了将尾巴上的卵放入水里。

宝宝出生

蜻蜓因为品种的不同,它们的卵会被放置在不同的地方。有的在植物的组织内,有的在枯树中,有的会散落在水里。卵必须经过几个月后才能孵出蜻蜓的若虫,中间等待孵化的过程被叫作"滞育期"。

能产香的麝鼠

麝鼠状若大老鼠,它的身体可以散发出香味,有点像麝香。

划分领地

麝鼠的听觉敏锐。它利用身体的分泌物来划分自己的领地。它会按照同样的时间和路线进行活动。不同的麝鼠家族间经常会争斗。

打洞有讲究

麝鼠一般把洞筑在比较干燥的地方,洞留有两个出口,一个在水下,另一个洞口则隐藏在茂密的草丛中,离地面10—20厘米。洞口的草柔软茂盛,能很好地把洞口隐蔽起来。另外,洞口常有一个草堆,既能隐藏洞口,还具有保温作用。冬季,麝鼠会在冰层上打出一些可供呼吸的小洞,这些洞平时用植物堵住,外出觅食时麝鼠再把植物移开。

小档案

别称:麝香鼠、青根貂
科名:仓鼠科
特征:身体密被绒毛,体背面锈褐色至暗褐色,腹面较淡,尾巴侧扁
分布:蒙古、中国、北美洲的沼泽地区
食物:水生植物

✎ 善于游泳

麝鼠的身体比较强健，头很短，几乎看不到颈部，嘴巴钝圆。浑身的毛细长浓密，所以不怕水，还能御寒。尾巴特别长，表面有不少小鳞片，起到防水作用，能为麝鼠水中活动提供不少帮助。后脚的脚趾间有蹼，后脚的每个脚趾都长有粗毛，俗称"泳穗"，这些特征，都能辅助其在水中游泳。

爱吃孑孓的食蚊鱼

食蚊鱼是一种体形较小的银色淡水鱼，主要以蚊子的幼虫为食。

小档案

别称：大肚鱼、柳条鱼、山坑鱼等
科名：食蚊鱼科
特征：背部边缘为浅弧形，突出的腹部圆圆的，
又宽又短的脑袋前端是楔形的
分布：西印度群岛、美国南方、中美洲
食物：水生昆虫

家族成员

孔雀有 3 种类别,分别有不同的颜色。绿孔雀的栖息地是中国云南南部及东南亚等地;蓝孔雀的栖息地是斯里兰卡和印度等地,白孔雀数量很少,栖息地和蓝孔雀一样。之所以数量稀少,是因为白孔雀不像蓝孔雀和绿孔雀那样有着美丽的羽毛,所以缺少对雌孔雀的吸引力,很难传宗接代。

羽毛艳丽非凡

孔雀最漂亮的就是它的羽毛,主要为青蓝、翠绿、紫褐等颜色,且带有金属光泽,开屏时十分艳丽动人。雄孔雀体长 2.2 米,仅尾羽就长约 1.5 米。孔雀开屏时的样子,就像一把炫彩的扇子,这是因为其尾羽上有五色金翠线的花纹。

孔雀为什么要开屏?

人们都以为孔雀开屏只是为了展示自己的美丽,其实并不然,雄孔雀开屏是为了吸引雌孔雀。尤其是繁殖时节,雄孔雀会在雌孔雀面前把尾巴舒展开来,以便引起雌孔雀的注意。另一个原因是开屏保护自己,孔雀的尾屏上有着类似眼睛的花纹,有时能够吓退敌人。

小档案

科名:雉科

特征:翠绿色头顶,蓝绿色的尖形羽冠,长长的尾上覆羽,形成美丽的尾屏,真正的尾羽很短,呈黑褐色

分布:印度、斯里兰卡、中国、东南亚

食物:植物性饲料、蝗虫、蟋蟀、蛾等昆虫

胃口极大的冠蓝鸦

　　冠蓝鸦是鸟中的蓝精灵，栖息地有多种不同类型，通常单独或成对生活。在繁殖季节和迁移过程中小聚。

预示心情的冠毛

　　冠蓝鸦头顶的冠毛是它们心情的象征：当冠毛高高竖起时就表示它们很兴奋，或者正在求偶状态；冠毛展开时表示它们受到了惊吓或威胁；冠毛老实地贴在头上，说明它们正在休息。

鸟中大胃王

冠蓝鸦有着不符合它身材的大食量,它们不挑食,从昆虫、浆果、谷物到水果、剩饭,都能成为它的一顿美肴。但正因它的不挑食也惹过一些麻烦,它们会吃掉其他鸟类的蛋和雏鸟,或者去别的鸟嘴里抢食物,常常因此受到其他鸟类的围攻。

用蚂蚁洗澡

用蚂蚁来洗澡,这听起来让人觉得不可思议,但却是真的,因为冠蓝鸦就是这样洗澡的。冠蓝鸦会让蚂蚁爬上来或者直接用嘴叼着蚂蚁在身上擦拭。原来,蚂蚁的分泌物中有蚁酸,可以帮助它消灭羽毛中的寄生虫,让羽毛变得更有光泽。

小档案

别称:蓝松鸦

科名:鸦科

特征:顶冠羽毛颜色为淡蓝或薰衣草蓝,面部、颈后、翅膀内侧及尾羽内侧为白色

分布:北美地区

食物:野草籽、谷物、浆果、小型无脊椎动物等

鹰有一项飞行绝技——滑翔,它们会保持双翼展开一动不动,然后滑翔很长的距离。鹰扇动翅膀时会产生空气,使空气剧烈的流动,由此产生的冲力和托力,能让鹰飞得又高又远。鹰在天空自由翱翔时,会采用振翅飞翔和滑翔交替进行的方式。

有"千里眼"的鹰

鹰是天空中翱翔的强者,一般在峡谷、林地、树林里常常看到它们的身影。繁殖期常在空中翱翔,并发出响亮的叫声。

热爱自由

鹰类很难被驯养，因为它们天性爱自由，山地和森林才是它们追求的家园。白天，它们在蓝天之下翱翔观察；夜晚，它们会隐匿起来，独自享受进食的快乐。

视力卓越

鹰类有着锐利的视力，在空中盘旋时能够看清地面上相距很远的小动物。盯准猎物后，鹰类会用强有力的爪子抓住它们并用尖锐的喙进行肢解。

小档案

科名：鹰科

特征：性情凶猛，体态雄伟，属于动物学上的猛禽类

分布：世界各大洲

食物：小型哺乳动物、昆虫、家禽和其他鸟类

超会捕鱼的鸬鹚

　　鸬鹚是一种分布广泛的水鸟，外表看上去很像鸭子，但却有一身闪烁着金属光泽的黑褐色羽毛。

生活习性

　　鸬鹚生来不怕人类，经常在人类活动的海滨、湖泊等地栖息。它们飞行能力很强，但仅在迁徙时作长时间飞行。它们一般靠近水域生活，毕竟食物都在水里。

捕鱼高手

　　鸬鹚有一张很长并且带有锯齿的嘴巴，尤其适合捕鱼，喉部还有一个膨大的地方能够暂时存放鱼类。捕猎时，它们会扎进水中追踪猎物，或者悄悄靠近、抻长脖子发出迅速一击，鱼类因此难逃被捕的命运。

灵敏的听觉

　　在水下鸬鹚的视力是很差的，但是为什么它们能迅速捕捉到鱼呢？原来，它们有着极其敏锐的听觉，通过鱼类游动产生的流水声来判断鱼类的位置，达到迅速出击的效果。

别称：黑鱼郎、鱼鹰、水老鸦

科名：鸬鹚科

特征：头、颈和羽冠为黑色，其中间杂丝状白色
细羽；上体呈黑色，肩、背及翅覆羽呈金
属光泽的铜褐色

分布：亚洲、非洲、欧洲、澳洲、北美

食物：鱼类

家喻户晓的绿头鸭

绿头鸭很常见，名字的由来是因为雄鸭头部有着亮绿色的羽毛。现在的家养鸭有些是绿头鸭的后代。

小档案

别称：大红腿鸭、大绿头、对鸭、官鸭、大麻鸭
科名：鸭科
特征：肩及上背为褐色，杂以细密的呈波状的灰白色细斑；下背为黑褐色，腰及尾羽为黑色
分布：亚洲、欧洲、美洲及北部温带水域
食物：植物的叶、茎、芽、水藻、种子等

🔖 生活习性

　　绿头鸭最常见的栖息地是淡水湖畔、江河、水库等地的芦苇丛中，喜欢群居生活，冬季时一般在水边、沼泽等地区的草丛间活动。绿头鸭不仅会游泳，还擅长飞行，夏季生活在北方的沼泽地，产卵育儿后，秋季会飞往南方过冬，来年春天会陆续返回北方。绿头鸭飞行时很有团队意识，成群结队地飞过天空，景象很壮观。

🔖 控制睡眠

　　研究发现，绿头鸭能够控制睡眠。它们这种能力使得它们的大脑能够部分保持睡眠而另一部分保持清醒，表现在外面便是可以睁一只眼闭一只眼来睡觉。这种本领使得绿头鸭在危险的环境中获得较快的反应能力，防止被天敌捕食。这也是科学界发现的第一例动物控制睡眠的证据。

好奇心强的麻雀

麻雀十分常见，它们性格活泼，胆子较大，因此经常在人类居住地活动，但警惕性和好奇心也都非常强。

喜好群居

麻雀非常喜欢群居，但是繁殖和育雏阶段会独自生活。秋季时它们会成群结队形成百只甚至千只的大群体，俗称雀泛；在冬季一般是十几只或几十只左右的小群体。

体型特征

麻雀的体型较小，不同个体之间的大小、体色都很相近。因为身上有着棕黑色的斑状，所以得名"麻雀"。麻雀身上有9枚初级飞羽，第一枚外侧有淡色羽缘，其余的在羽基和近端处都有稍微扩大，并且呈拼接状，像两道横斑，这种特征在飞行时十分明显。麻雀有着粗短却强壮的嘴，像圆锥，嘴峰带着一定弧度的曲线。除了树麻雀以外，其他品种雌雄是异色的。

小档案

科名：雀科
特征：家麻雀长约15厘米；雄鸟顶冠和尾羽为灰色，喉和上胸以黑色为主
分布：全世界
食物：禾本科植物及其种子、杂草种子

记忆力较强

小麻雀们生性聪明，有着机敏的反应力和较强的记忆力。与其他小型雀不同的是，麻雀若是得到人类的救助，它们会表现出一种能够持续很长时间的亲近感。在麻雀群居之地，有其他生物入侵时，麻雀们会表现得无比团结，保卫自己的家园直到变得安全。

爱熬夜的猫头鹰

猫头鹰的头部又宽又圆,正面的羽毛排列成了面盘,所以乍一看很像猫,得名"猫头鹰"。

奇特的消化系统

猫头鹰吃东西很有特点,它吃猎物但不咀嚼,因为它们的嗉囊具有消化能力,同时还能够将消化不了的骨骼毛发等集结成块从口腔排出。

迅速出击

猫头鹰的视力十分好,在漆黑的夜晚也能迅速判断出猎物的位置,然后以迅雷不及掩耳之势出击。由于它们的羽毛非常柔软,所以飞行时声音很小,会让被袭击者束手无策。